AF460807

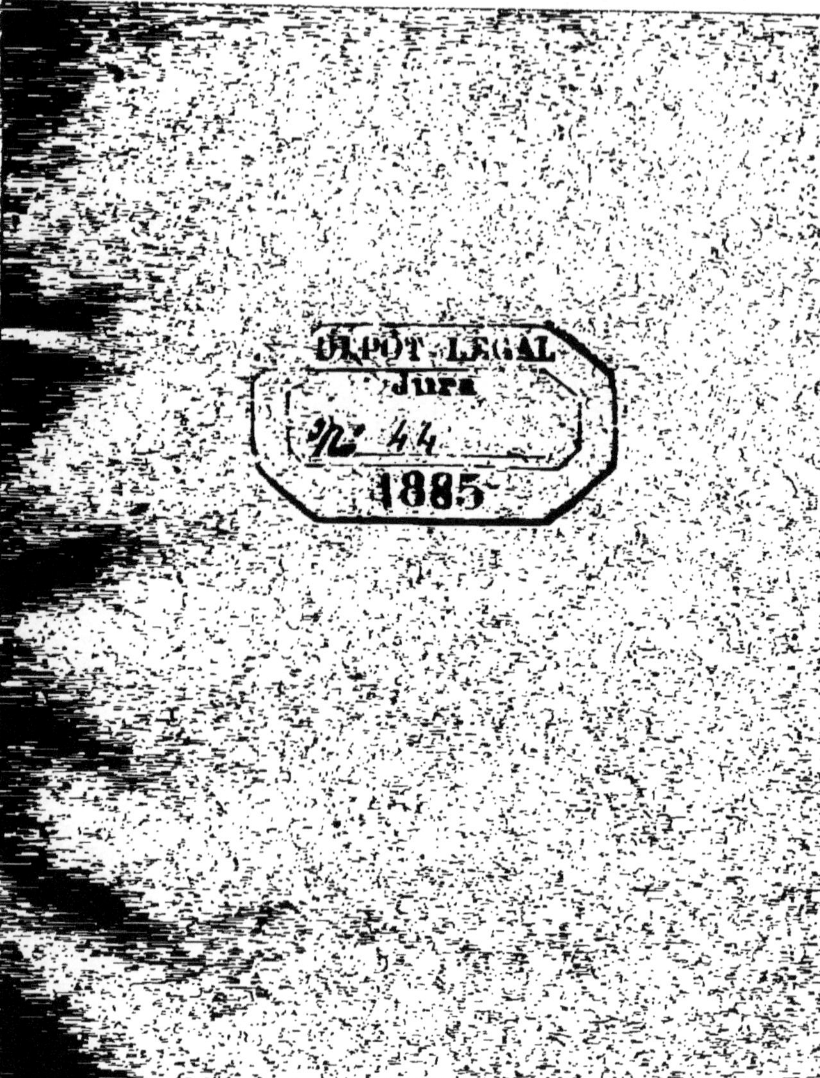

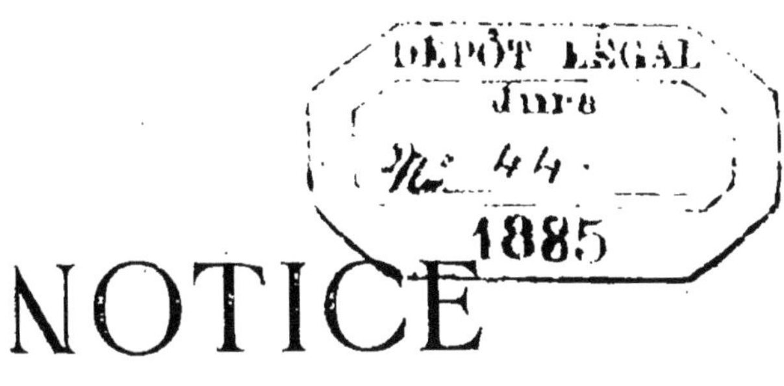

NOTICE

BIOGRAPHIQUE (1)

Mgr BENOIT

VICAIRE GÉNÉRAL DU DIOCÈSE DE FORT-WAYNE (INDIANA)

PRÉLAT DE LA MAISON DE SA SAINTETÉ LE PAPE LÉON XIII

Julien Benoit, le dixième de onze enfants, naquit à Septmoncel (France, Jura), le 17 octobre 1808.

Il fit ses premières études au Collège de Saint-Claude, suivit le cours de phi-

(1) Cette notice, envoyée de l'évêché de Fort-Wayne, a été traduite de l'anglais. Nous la publions en l'abrégeant.

losophie au petit séminaire de Vaux, commença ses études théologiques à Orgelet et les acheva à Lons-le-Saunier.

A peine âgé de vingt-un ans, il enseigna un an à Arinthod et un an au petit séminaire de Nozeroy.

Il partit de là pour Lyon et demeura trois ans dans un établissement comme professeur. Il reçut, dans cet intervalle, l'ordre du sous-diaconat, à St-Claude, et du diaconat, à Lyon.

Mgr Gabriel Bruté, premier évêque de Vincennes (Indiana), venait d'arriver à Lyon. Le jeune diacre entra en relations avec l'évêque américain, eut avec lui de fréquentes entrevues : leur départ fut décidé. Ils allèrent tous deux se recommander à Notre-Dame de Fourvières.

M. Benoit s'embarqua au Hâvre le 1er juin 1836 et arriva à New-York après cinquante-deux jours de traversée. Il fut ordonné prêtre par Monseigneur de Vincennes en 1837, le jour de la fête de saint Marc.

Le lendemain, l'évêque et le prêtre

se mirent en route et s'embarquèrent sur l'Ohio jusqu'à Cincinnati. De là, ils prirent le chemin de Vincennes.

M. Julien Benoit fut d'abord destiné à la ville de Léopold; plus tard, à Chicago et à d'autres villes qu'il évangélisa durant trois années. Il arriva à Fort-Wayne le 16 avril 1840. Il n'y trouva qu'une église de bois grossièrement construite. Pendant les six premiers mois de son séjour, il prit pension et loua ensuite, pour lui seul, une maison de bois.

A cette époque, la Mission de Fort-Wayne comprenait plusieurs villes.

En 1845, M. Benoit fonda l'établissement des Sœurs de la Providence et, dans la suite, l'école des Frères de Saint-Joseph.

Ayant obtenu d'aller à la Nouvelle-Orléans (1860), il y séjourna près de sept mois et y prêcha le Carême. Le but de son voyage était de solliciter des fonds pour bâtir la cathédrale de Fort-Wayne.

Dès 1857, le diocèse de Fort-Wayne

était formé, détaché de celui de Vincennes. M. Benoit organisa une souscription pour le nouvel édifice. Les dollars affluèrent par milliers de toutes parts.

Les frais s'élevèrent à 54,000 dollars, sans compter les bancs, l'orgue et les autels.

L'orgue coûta 3,000 dollars, le maître-autel 1200 et la chaire presque autant. Le trône épiscopal 700. Les grands chandeliers du maître-autel furent faits sur commande à Paris et coûtèrent 4,500 francs.

En 1865, M. Benoit fit en Europe un voyage qui dura treize mois. Il en passa quatre et demi à Rome, où il eut plusieurs entretiens avec le cardinal Barnabo et fut reçu deux fois en audience privée par Pie IX.

Vicaire général au diocèse de Vincennes (1852), il avait été appelé, au même titre, à Fort-Wayne (1865).

Nommé théologien du concile, à la deuxième session du concile de Baltimore, il assista, en cette qualité, aux quatre conciles provinciaux de Cincinnati.

Léon XIII lui adressa le Bref suivant :

A notre cher fils en Jésus-Christ, Julien Benoit, Vicaire général du diocèse de Fort-Wayne :

Cher fils, salut et bénédiction apostolique,

Nous avons coutume d'honorer les prêtres qui cherchent, non leur propre bien, mais l'honneur de Jésus-Christ, de donner volontiers des marques de notre bienveillance à ceux qui remplissent avec zèle et prudence une charge importante dans l'Eglise. Nous avons appris que vous vous êtes distingué dans un labeur si louable ; aussi, Nous avons résolu de vous donner une marque particulière de notre bienveillance..... et Vous nommons, de Notre autorité apostolique, Chapelain et Prélat de notre Maison papale.....

Donné à Rome, sous le seing de l'anneau du Pêcheur, le 12 juin 1883, la sixième année de Notre pontificat.

LÉON XIII, *Pape.*

M. Benoit fut solennellement investi de sa nouvelle dignité. Ayant appris en

1871, qu'il était proposé pour l'évêché de Fort-Waine, il s'était empressé d'écrire à Rome, à la *Congrégation de la Propagande*, de le regarder comme incapable d'accepter la dignité épiscopale.

Au mois de novembre 1884, Mgr Benoit ressentit une vive douleur à l'oreille gauche, puis à la gorge. Un cancer s'était déclaré. Le samedi, 11 janvier 1885, ses souffrances s'aggravèrent rapidement. Il les endura avec une résignation et une patience héroïques ; il demanda et reçut les derniers sacrements.

Le lundi 25 janvier, à 8 heures du soir, le vénérable malade se tournant vers deux personnes qui l'assistaient : *Je vais à la Maison de mon Père céleste,* leur dit-il, *je vous remercie de vos bontés : si je vais au Ciel, je prierai pour vous.*

Mgr de Fort-Wayne, Mgr l'Évêque de Noshville et plusieurs prêtres entrèrent dans la chambre du moribond et récitèrent les prières des agonisants.

Le *Missionnaire* expirait, le crucifix dans les mains.

La magnificence de ses funérailles, l'éloquente oraison funèbre prononcée par Monseigneur de Fort-Wayne, la profonde émotion de l'assistance furent de dignes hommages rendus au *Défunt*.

Le lendemain de la mort on lisait dans un journal de la ville : « Mgr Benoit est « mort la nuit dernière. Cette seule nou- « velle affligera profondément tous les « cœurs qui l'ont connu.....

« Pour les pauvres Indiens, c'était un « prêtre, un conseiller, un ami...

« Les protestants estimaient Mgr Ju- « lien pour ses rares vertus, approu- « vaient et soutenaient toutes ses entre- « prises.

« En Amérique, partout où l'Evangile « a été prêché, on déplorera une si « grande perte.....

« La vie entière de ce saint prêtre « a été merveilleuse. Les tribulations « le laissaient inébranlable. Il parcou- « rait sans cesse les vastes et sombres « forêts de ce pays encore désert, prê- « chant l'Evangile, consolant les affli- « gés, fortifiant les faibles. Sa charité « était sans limites. »

On plaça sur sa tombe une table de marbre portant l'inscription suivante :

PRIEZ POUR L'AME
DE
Mgr JULIEN BENOIT
PRÉLAT DE LA MAISON DE SA SAINTETÉ
LÉON XIII
ET
VICAIRE GÉNÉRAL DU DIOCÈSE
IL FUT
POUR LE CLERGÉ UN PÈRE DÉVOUÉ
POUR LES PAUVRES UN AMI GÉNÉREUX
ET CONSTRUISIT CETTE CATHÉDRALE

QU'IL REPOSE EN PAIX !

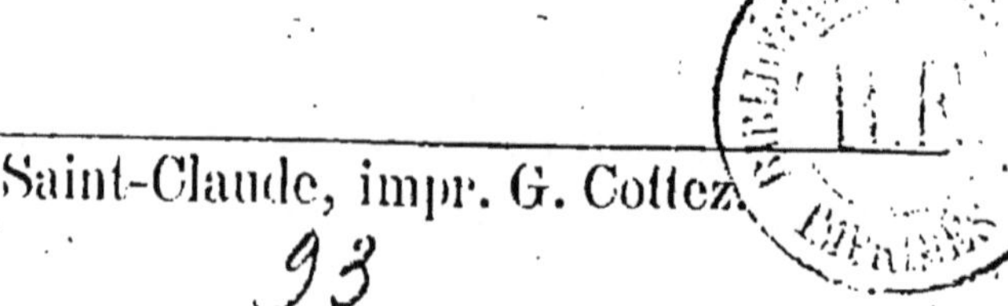

Saint-Claude, impr. G. Cottez.

www.ingramcontent.com/pod-product-compliance
Ingram Content Group UK Ltd.
Pitfield, Milton Keynes, MK11 3LW, UK
UKHW020235180726
13838UKWH00005B/2402

9 782019 923365